¡Sssssshhhhhhhhhhhh!

Haz del teatro algo íntimo

Llévalo siempre en el bolsillo

Cubierta y diseño editorial: Éride, Diseño Gráfico
Dirección editorial: ángel jiménez

Primera edición: mayo, 2025

ensaladilla rusa
© Ignacio del Moral
© Esther Blasco
© VdB, 2025
Espronceda, 5
28003 Madrid

VdB

ISBN: 979-13-87644-01-7
Depósito Legal: M-8459-2025
Diseño y preimpresión: Éride, Diseño Gráfico

 Este libro protege el entorno

ensaladilla rusa

Textos breves
de
Pushkin y Chéjov

Esther Blasco Andrés (Madrid, 1957)

Cursó estudios de Psicología y es licenciada en Filología Hispánica y diplomada en Magisterio. Ha ejercido la enseñanza durante cuarenta años en colegios como el Estilo, fundado por Josefina Aldecoa, a quien considera su maestra, y en los últimos años ha sido directora y profesora de Lengua y Literatura del Colegio Ingenio, inspirado en los mismos principios de la Fundación Libre de Enseñanza. Durante toda su actividad profesional el teatro ha tenido un papel importate en la educación de sus alumnos como materia educativa y lúdica, participando en la creacion de espectáculos en el ámbito escolar, adptando textos clásicos universales y recuperando piezas poco conocidas.

Ignacio del Moral (San Sebastián, 1957).

En 1979 se enrola en el grupo Teatro Libre, dirigido por Alonso de Santos, donde permanece durante algunos años. Posteriormente colabora en otros grupos, siempre como actor, simultaneándolo con la escritura de sus primeras obras. En su faceta de autor teatral ha obtenido varios premios (SGAE, Carlos Arniches, entre otros): entre sus obras más destacadas están *La Mirada del Hombre Oscuro*, que dio origen a la Película «Bwana» (dirigida por Imanol Uribe); *Rey Negro, La Noche de Sabina, Las Visitas deberían estar prohibidas por el Código Penal* (sobre textos de Miguel Mihura) o *Presas* (co-escrita con Verónica Fernández), entra otras, algunas de las cuales han sido traducidas y representadas en varias lenguas y países.A partir de los últimos años 80 empieza a trabajar de forma asidua en la industria audiovisual, escribiendo guiones para la televisión y para el cine.

Ignacio del Moral
Esther Blasco

ensaladilla rusa
(textos breves de Pushkin y Chéjov)

VdB

Esta obra se estrenó en el mes de mayo de 2021
en el Colegio Ingenio de Madrid,
interpretada por alumnas y alumnos
del Centro.

Dirección: Esther Blasco.

Mozart y Salieri

de Alejandro S. Pushkin

Personajes

.

Salieri
Mozart

2

Escena 1
Casa de Salieri

SALIERI, *solo en escena.*

SALIERI   Se dice que en este mundo no existe la verdad. Puede que exista, puede que no. En todo caso, hay muchas cosas que no sabemos. Me llamo Antonio Salieri. Y vine al mundo para amar la música. Siendo niño, se me saltaban las lágrimas cuando escuchaba el órgano de nuestra vieja catedral. Dejé todos los juegos y diversiones, me aparté de todo para dedicarme a ella. A la música. Estudié, trabajé, me sacrifiqué hasta dominar el oficio. Conseguí que mis dedos adquirieran la velocidad necesaria, eduqué mi oído musical. Y cuando dominé la técnica, comencé a crear. (*Muestra sus partituras.*) Pero no me atrevía a soñar con la fama. Más de una vez, después de pasar días encerrado, eché mis obras al fuego, porque no las consideraba (*Pausa.*) suficientemente sublimes. Y al fin, gracias a mi perseverancia, logré alcanzar un grado bastante elevado entre los músicos de mi país. La suerte me sonrió: la gente comprendió mis obras. Y fui feliz con mi trabajo, los éxitos en la corte, la fama y el respeto de mis compañeros. Nunca conocí la envidia. ¡Nunca! Nunca... Hasta ahora. Ahora siento envidia. Y siento que los dioses actúan injustamente a la hora de otorgar el don de la genialidad. La genialidad. Un don que está por encima del talento, del trabajo, de la voluntad. Puede que yo no sea un genio, a pesar de mis horas de trabajo y sacrificio. Lo acepto. Pero ¿por qué tiene que serlo él? ¿Por qué ese haragán, ese demente, que parece que no se toma en serio su arte? ¿Por qué él? ¿Por qué ese... Mozart? ¡Mozart, Mozart, Mozart...! Todos caen rendidos ante su nombre, todos se pelean por una pieza suya, todos se ríen con sus bromas estúpidas. (*Mientras* SALIERI *habla, ha entrado* MOZART.) Mozart, Mozart, ¡Mozart! ¡Maldito Mozart...! (*Se da cuenta de que ha entrado.*) ¡Caramba, Mozart!

MOZART   Cuánto siento que me hayas visto entrar. Quería sorprenderte.

SALIERI   ¿Y gastarme una de tus divertidas bromas? Lástima. ¿Llevas mucho tiempo aquí?

MOZART   No, he llegado hace un momento. Tenía prisa por enseñarte una cosa. Una piececita, pero, al pasar junto a una bodega, oí un violín... ¡Querido Salieri, en tu vida habrás oído cosa igual! Era un ciego que tocaba una de mis arias...

SALIERI
¿Te refieres a ese pobre hombre que cuando toca al violín parece que están despellejando a un gato?

MOZART
No es un virtuoso, desde luego, pero… La gente lo escuchaba. Y yo me sentía feliz.

SALIERI
¿Feliz? ¿Te sientes feliz viendo como mancillan así tu arte? ¿Crees que al gran Rafael le gustaría ver a una de sus *Madonnas* embadurnada por un pintor de brocha gorda?

MOZART
No lo entiendes, Salieri… lo que me emociona no es si el viejo toca bien o mal… lo que me emociona es que toque mis piezas, y que las toque porque la gente se las pide… Porque la gente las ama. Y que no se oigan sólo en la corte o en la catedral, sino también en la calle. Y así la gente aprende a amar la belleza… Pero veo que hoy estás de mal humor. Disculpa si te he molestado. Ya vendré en otro momento.

SALIERI
Espera… ¿Qué traías para enseñarme?

MOZART
Una cosita sin importancia. Anoche no podía dormir y se me vinieron a la cabeza algunas ideas… Unos temas que he apuntado esta mañana. Quería saber tu opinión, pero veo que no es el momento.

SALIERI
Nunca es mal momento para oirte. Siéntate, siéntate y toca. Te escucho.

(MOZART *se sienta ente el clavecín. Saca de los bolsillos varios papeles arrugados y empieza a mirarlos.*)

MOZART
Este no… Este tampoco… Tampoco… (*Los va tirando al suelo.* SALIERI, *nervioso y malhumorado, los va recogiendo y tirando a la papelera, que trata de colocar para que los papeles que tira* MOZART *caigan dentro; pero no lo consigue, porque* MOZART *cada vez los tira para un lado.…*) Qué raro, ¿dónde estará? (*Coge la papelera y saca los papeles. Los mira y coge uno.*) Este era. (*Vuelve a sentarse ante el clavecín.*) Ahora, imagínate a alguien…

SALIERI
¿Alguien como quién?

MOZART
No importa quién, da igual.

SALIERI
Dame una pista, así de pronto, no me viene a la imaginación…

MOZART
Yo mismo. Imagínate que soy yo mismo cuando era joven.

(*Empieza a tocar una música alegre.*)

SALIERI
Eres joven.

MOZART
Pues más joven aún. Imagínate que estoy enamorado…

SALIERI   Enamorado.

MOZART   Pero no mucho.

SALIERI   No mucho.

MOZART   Sólo un poco. Y me acompaña alguien. Una chica.

SALIERI   Una chica.

MOZART   No, mejor un chico.

SALIERI   ¿Un chico?

MOZART   Un amigo.

SALIERI   Ah.

MOZART   Tú mismo.

SALIERI   ¿Yo?

MOZART   Tú.

SALIERI   Yo.

MOZART   Estoy alegre. Pero de pronto, veo algo fúnebre... Unas sombras...Y entonces...

              (*Empieza a tocar alguna pieza melancólica.* SALIERI *lo escucha, y no puede evitar emocionarse.*)

SALIERI   ¡Para! ¡Para!

(MOZART *se detiene y se vuelve, sorprendido.*)

MOZART   ¿No te gusta?

SALIERI   Eres un irresponsable. ¡Un payaso! ¡No eres digno del talento que tienes!

MOZART   No entiendo...

SALIERI   ¿No te das cuenta? ¡Has estado a punto de tirar esa maravilla a la basura!

MOZART   En realidad, la has tirado tú.

SALIERI   Vienes con esa joya arrugada de cualquier manera en el bolsillo, y además te paras a ver cómo un viejo ciego destroza tus piezas.

MOZART   Entonces, ¿te gusta o no?

SALIERI   ¿Que si me gusta? Es (*Busca las palabras.*) profundo, amplio, austero... Eres un dios, Mozart. Sin sospecharlo, sin merecerlo, pero eres un dios.

MOZART   Un dios... Pues este dios tiene hambre.

SALIERI   Comeremos juntos. ¿Sabes dónde? En el mesón del *León de Oro.* ¿Qué te parece?

MOZART   Muy bien. Le diré a mi mujer que no como en casa. Espérame un momento.

           (*Sale* MOZART. *Queda* SALIERI *solo.*)

SALIERI   Te esperaré, claro que sí... No puedo luchar contra su genio. Nada de lo que yo haga podrá compararse a ninguna de estas joyas que sin ningún esfuerzo salen de... ¿De dónde? ¿De esa cabeza hueca? Es demasiado grande... Donde está él no cabemos ninguno más. ¿Y qué pasará si sigue creciendo y después desaparece? Sólo quedará el silencio tras él. Nadie podrá estar a su altura. Mozart es un peligro. No para mí, sino para el futuro de la música. Debe desaparecer cuanto antes... (*Se acerca a un mueble y de un cajón saca un frasco.*) Aquí estás, veneno... Cuántas veces en estos últimos tiempos he pensado en beberte y acabar de una vez. Pero no soy yo quien debe morir... Sino él.

Escena 2
Mismo lugar, días más tarde

SALIERI y MOZART.

SALIERI	¿Por qué estás tan triste hoy? ¿No te van bien las cosas? ¿Te está fallando la inspiración?
MOZART	¿Yo? No, no estoy triste.
SALIERI	Estás muy callado. Pareces preocupado...
MOZART	Te lo voy a confesar. Mi *Réquiem*[1] me tiene muy preocupado.
SALIERI	¿Estás componiendo un *Réquiem?*
MOZART	¿No te lo he contado? Llevo tres semanas ocupado con él. Pero es una cosa un poco extraña.
SALIERI	Cuéntamelo mientras acabamos con la botella de vino.

---

[1] Un réquiem es una oración para las misas de difuntos. También se llama así a las piezas musicales compuestas para funerales. Muchos músicos han compuesto obras de Réquiem.

MOZART   (*Pensativo.*) Hace unas tres semanas volví un poco tarde a mi casa. Me dijeron que alguien había preguntado por mí, pero no había dejado su nombre. ¿Quién podría ser? Me pasé la noche pensando en ello. La noche siguiente pasó lo mismo, así que decidí no salir el siguiente día. Llamaron a la puerta y salí a abrir. Me encontré un hombre vestido de negro. Llevaba una capa, un sombrero con el ala muy ancha, y una máscara... Me saludó con gran cortesía y me pidió, con voz muy baja, que compusiera un *Réquiem*. No me quiso decir para quién. Tal vez fuera para él mismo. Me puse a la tarea, pero no he vuelto a saber nada del desconocido. En parte me alegra, porque así no tendré que entregárselo cuando lo acabe, pero por otro lado...

SALIERI   Por otro lado, ¿qué?

MOZART   Me da vergüenza confesarlo.

SALIERI   Somos amigos...

MOZART   Tengo miedo.

SALIERI   Miedo, ¿de qué?

MOZART   Del hombre de negro. Tengo la impresión de que me sigue por todas partes, como una sombra... En este momento, siento como si estuviera aquí, junto a nosotros.

17

SALIERI	¡Qué tontería! No seas crío. Tienes que distraerte. Mi gran amigo Beaumarchais[2] me dijo una vez: «Si alguna vez te vienen a la cabeza pensamientos tenebrosos, descorcha una botella de champán y lee *Las bodas de Fígaro*».
MOZART	¿Es cierto que Beaumarchais envenenó a su mujer?
SALIERI	No, por Dios... Imposible.
MOZART	¿Por qué?
SALIERI	Porque... Era un hombre superior... Era... Un genio.
MOZART	Y la genialidad es incompatible con el crimen... El crimen es producto de la codicia, de la envidia, de la mediocridad. Sólo los mediocres asesinan.
SALIERI	Por eso tú nunca serías capaz...
MOZART	Vamos a dejar esta conversación tan siniestra. Bebamos. (SALIERI *sirve vino y aprovecha que* MOZART *está mirando hacia otro lado para echar el veneno en su copa. Se la da. Levanta la copa.*) Por los amigos.

---

[2] Beaumarchais fue un famoso autor teatral. Escribió obras tan conocidaas como «El Barbero de Sevilla» y «Las Bodas de Fígaro». Basada en esta última, el propio Mozart escribió una famosa ópera. Pronunciamos «Bomarshé».

SALIERI   Por los mediocres.

                 (*Mozart bebe. Apura la copa de un trago.*)

MOZART   Voy a tocar. Quiero que seas el primero en
                 escuchar mi *Réquiem.*

                 (*Empieza a tocar.*)

SALIERI   Es tu *Réquiem,* sí... el que sonará en tu fu-
                 neral... el que, sin saberlo, estás componien-
                 do para ti, porque yo te lo encargué para que
                 en tu funeral suene el mejor *Réquiem* de la
                 historia.

                 (SALIERI *empieza a llorar.* MOZART *se vuelve.*)

MOZART   ¿Qué te pasa, amigo? ¿Lloras?

SALIERI   Es la emoción que me produce tu música.
                 Es saber que nunca llegaré a crear nada se-
                 mejante. Sigue tocando, no hagas caso de
                 mis lágrimas. (MOZART *sigue tocando. Para
                 sí mismo.*) Son mis primeras lágrimas por
                 ti. Me siento triste y alegre a un tiempo. Es
                 como si hubiera cumplido con mi deber...
                 Y al mismo tiempo como si me amputaran
                 un miembro. (*A* MOZART.) Toca, Mozart...
                 Toca esas armonías sublimes...

                 (MOZART *acaba de tocar.*)

MOZART   Ojalá todos comprendieran mi música como tú. Pero… Estoy cansado. No me encuentro bien. Tengo que descansar. Tengo que acabar el *Réquiem* antes de que llegue el desconocido. Adiós, Salieri. Me voy a dormir.

(*Lo abraza con cariño y sale.*)

SALIERI   Adiós, Mozart. Dormirás mucho, mucho tiempo. (*Se vuelve al público.*) Dicen que la verdad no existe. Puede que así sea. En todo caso, hay muchas cosas que no sabemos, y que quizá no sepamos jamás. Esta historia, por ejemplo: ¿Es cierta? ¿O no lo es?

(*Sube la música y….*)

Fin

la declaración

de Antón Chéjov

Personajes

STEPAN CHUBUKOV	Terrateniente.
NATALIA	Su hija.
IVÁN LOMOV	Vecino y pretendiente de Natalia.

1👤 2👤

Nota

Toda la acción transcurre en la casa de Stepan Chubukov y Natalia.

Escena única

Entra CHUBUKOV, *y tras él viene* LOMOV, *elegantemente vestido.*

CHUBUKOV Pero qué sorpresa, querido vecino... Pase, pase... (*Le estrecha la mano.*) ¿Cómo está usted?

LOMOV Vamos tirando, muchas gracias. Y usted, ¿cómo está?

CHUBUKOV Tirando también. (*Hay una pausa un poco incómoda.*) Tenía usted olvidados a sus vecinos... Eso no está bien, querido amigo... Pero ¿a qué se debe ese aspecto? ¿Va usted a alguna visita de cumplido?

LOMOV No, no, sólo venía a verlos a usted y a su hija Natalia.

CHUBUKOV Pues si hubiera avisado, habríamos tratado de estar preparados.

LOMOV En realidad, no es una visita normal. Verá, querido vecino. Siempre nos hemos llevado bien, nos hemos ayudado en momentos difíciles... Yo querría pedirle a usted un favor. Uf, necesito beber agua. Me estoy mareando.

(CHUBUKOV *va a servirle agua de una jarra. Mientras llena el vaso.*)

CHUBUKOV   (*Al público.*) Viene a pedirme dinero. Pues va listo. (*Se vuelve sonriente con el vaso.*) ¿De qué se trata, amigo?

LOMOV   Es un asunto en el que tengo que contar con usted. Sólo usted puede...

CHUBUKOV   ¿Quiere dejar de dar rodeos?

LOMOV   Claro... (*Bebe agua.*) Vengo a pedir la mano de su hija Natalia.

CHUBUKOV   ¡Ah! Creí que... ¡Qué alegría! Me alegro mucho, querido amigo... Usted siempre ha sido como un hijo para mí... Voy a avisar a Natalia.

LOMOV   Espere... ¿Usted cree que me aceptará?

CHUBUKOV   ¡Claro que sí! Usted es un buen mozo, se conocen de toda la vida (*Aparte.*) Y tampoco hay mucho que elegir por aquí. Voy a buscarla.

(*Sale.*)

LOMOV

Tengo frío... No, calor... Estoy temblando como en un examen... Pero lo importante es decidirse. Qué calor... Natalia es una buena chica, educada buena ama de casa y bastante guapa... Uf, qué calor. Yo no puedo seguir soltero más tiempo. Ya no soy un jovencito. Necesito que me cuiden. Padezco del corazón, tengo taquicardias. Qué frío... Cuando me pongo nervioso me da un tic en el ojo derecho. Pero lo peor es lo mal que duermo. En cuanto me acuesto, me empiezan a dar punzadas en el costado. Y después se me pasan al cuello. Uf, qué calor hace aquí. Creo que me va a dar la taquicardia.

(*Entra* NATALIA. *Viene con delantal.*)

NATALIA

Ah, hola, vecino, es usted... Mi padre me ha dicho, «niña sal, que ha llegado un vendedor con algunas mercancías». Qué guasón. ¿Cómo es que no ha venido a vernos en tanto tiempo? ¿Quiere desayunar?

LOMOV

No, gracias, ya he desayunado.

NATALIA

Qué buen tiempo hace, ¿verdad? Ayer mandé a los trabajadores que segaran todo el heno. ¿Usted cuándo va a segar? ¿Le pasa algo en el ojo? Pero qué elegante viene. ¿Va a algún sitio?

LOMOV	No, no, he venido sólo a verlos a ustedes… A usted. Quería decirle una cosa.
NATALIA	Ah, qué bien. Debería ir a que le miren lo de ese ojo.
LOMOV	¿Podría abrir la ventana? Hace un poco de calor…
NATALIA	Claro. (NATALIA *abre la ventana. Mientras,* LOMOV *trata de parar el tic de su ojo.*) ¿Qué es lo que tiene que decirme? Si es por las hoces que le pedí prestadas…
LOMOV	No, no, no es eso… Verá mejor ir al grano.
NATALIA	Sí.
LOMOV	Bueno… Como sabe, Natalia, hace mucho tiempo que su familia y la mía se conocen. Somos vecinos desde hace por lo menos cien años. Mi difunta tía y su marido, de quienes heredé las tierras, siempre hablaban de ustedes con mucho respeto. Los Lomov y los Chubukov siempre se llevaron bien. Y eso no es fácil cuando las tierras de unos lindan con las de los otros… Mis praderas del Toro lindan con su bosquecillo de abedules.
NATALIA	Perdone… ¿Por qué dice usted «mis praderas del Toro»? ¿Acaso son suyas?
LOMOV	Pues… Sí, claro.

NATALIA   Pero, hombre... ¡Si son nuestras!

LOMOV   No, no, son mías, querida Natalia.

NATALIA   Vaya novedad. ¿Y por qué cree que son suyas?

LOMOV   Vamos a ver, estoy hablando de Las Praderas del Toro que forman un triángulo entre el bosquecillo de álamos de ustedes y el pantano.

NATALIA   Sí, sí, a esas me refiero yo también. «Nuestras» Praderas del Toro.

LOMOV   No, no, no... Se equivoca usted, querida Natalia. Son mías.

NATALIA   ¿Desde cuándo?

LOMOV   ¿Cómo desde cuándo? De toda la vida.

NATALIA   No, no, no, perdone... De ninguna manera.

LOMOV   Pero los documentos lo dicen bien claro... Verá, la abuelita de mi tía cedió el uso de esas praderas a los campesinos del abuelito de su padre, en pago por unos ladrillos que los campesinos del abuelito de su padre fabricaron para la abuelita de mi tía. Y claro, ustedes se acostumbraron a considerarlas suyas, pero...

NATALIA   No entiendo nada de lo que dice. Las tierras de mis abuelos llegaban hasta el pantano. No merece la pena ni discutirlo. No querría enfadarme con usted.

LOMOV   Puedo enseñarle las escrituras...

NATALIA   Y sigue insistiendo. Esto es exasperante. Y no es por el valor, apenas valen para nada. Pero lo que me indigna es la injusticia. ¡Con eso no puedo!

LOMOV   Le ruego que me escuche: los campesinos del abuelito de su padre fabricaban ladrillos, y la abuelita de mi tía...

NATALIA   Pero ¿quiere usted dejarse de abuelitos? Las Praderas son nuestras, punto.

LOMOV   ¡Son mías!

NATALIA   ¡Son nuestras! ¡Y ya puede usted vestirse de mamarracho y repetírmelo durante horas, porque no voy a cambiar de opinión! Yo no quiero nada de lo suyo, pero tampoco quiero perder lo mío.

LOMOV   Querida Natalia...

NATALIA   ¿Quiere usted parar con ese ojo? ¡Me pone nerviosa!

(LOMOV *se sujeta el ojo con la mano.*)

LOMOV   Natalia, no necesito para nada esas prade-
               ras. Se las regalo si quiere.

NATALIA   Soy yo la que podría regalárselas a usted.
               (LOMOV *se levanta y va a cerrar la ventana.*)
               ¿Adónde va?

LOMOV   A cerrar. Hace frío. Me ha dejado usted he-
               lado con sus afirmaciones.

NATALIA   Esto es increíble. Durante años lo hemos
               considerado un buen vecino, un amigo,
               casi alguien de la familia... El año pasado
               le prestamos la trilladora... Y ahora viene
               aquí a tratarnos como si fuéramos delin-
               cuentes. ¡Viene a decirme que me regala
               mis propias tierras! ¡Y encima vestido de
               payaso! ¿Está usted loco o qué?

LOMOV   Señorita Natalia... Le juro que esas tie-
               rras son mías. ¿O es que me está llaman-
               do ladrón?

NATALIA   ¡Las Praderas son nuestras!

LOMOV   ¡Son mías!

NATALIA   ¡Son nuestras y se lo voy a demostrar! Hoy
               mismo mando a lo segadores a segar allí.

LOMOV   ¿Qué?

NATALIA   Lo que ha oído.

LOMOV	No he oído nada. Me está zumbando el oído. ¿Qué ha dicho?
NATALIA	¡Que hoy mismo van allí mis segadores!
LOMOV	¡Los echaré! ¡Con los perros si hace falta!
NATALIA	¡No se atreverá!
LOMOV	¡Claro que me atreveré! Las Praderas son mías.
NATALIA	¡Son nuestras!
LOMOV	¡Son mías!
NATALIA	¡Nuestras!
LOMOV	¡Mías!

(*Entra* CHUBUKOV, *alarmado.*)

CHUBUKOV	Pero ¿qué pasa? ¿Por qué gritáis así?
NATALIA	Papá, dile a este señor de quién son Las Praderas del Toro.
CHUBUKOV	Qué pregunta... Nuestras, claro.
NATALIA	¡Ja!
LOMOV	Pero querido vecino, ¿cómo van a ser de ustedes? Escuche: la abuelita de mi tía...

NATALIA   ¡Ya empieza con las abuelitas!

CHUBUKOV   Mire, querido vecino… Vamos a dejar a las
             abuelitas reposar en la paz de los muertos.
             Hasta los gatos saben que Las Praderas son
             nuestras.

LOMOV   ¡Son mías! ¡Tengo papeles que lo demues-
             tran!

CHUBUKOV   Vamos a calmarnos. Con gritos no se arre-
             gla nada. Está usted sudando…

LOMOV   Es que hace mucho calor aquí.

CHUBUKOV   No quiero que andemos con litigios. Voy a
             regalar Las Praderas a los campesinos.

LOMOV   Pero ¿cómo va a regalarles algo que es mío?

CHUBUKOV   No le consiento que me hable en ese tono,
             jovencito. Por favor, hable con calma.

LOMOV   Pero ¿cómo voy a hablar con calma? ¡Me
             acaba usted de birlar unas tierras en mis
             propias narices!

CHUBUKOV   ¿Qué? ¿Qué ha dicho?

NATALIA   Nos ha llamado ladrones a la cara, papá.
             ¿Saco la escopeta?

LOMOV   ¿La-la escopeta?

NATALIA   Papá, manda inmediatamente a los sega-
              dores a Las Praderas de Toro.

LOMOV   Si lo hacen los denunciaré. Los llevaré a
              juicio.

CHUBUKOV   ¡Claro! Eso es lo que quiere. Juicios. Típi-
              co de su familia. Les gustan los líos, enre-
              dar, marear a la gente y así se quedan con
              sus cosas…

LOMOV   ¡Le ruego que no saque aquí a relucir a mi
              familia!

NATALIA   ¡Es usted quien ha empezado a sacar a las
              abuelitas! Creo que voy a ir a por la es-
              copeta.

CHUBUKOV   Ni hace falta. Ya te lo dije siempre, hija. Los
              Lomov son una familia de locos. Su abue-
              lo bebía como un cosaco, y su tía la menor
              se fugó con un saltimbanqui.

LOMOV   ¿Y su madre? ¡Su madre estaba siempre bal-
              dada por las palizas que le daba su padre!
              ¡Aaay! Me ha dado un pinchazo. ¡Agua!

CHUBUKOV   Su padre era un jugador, y un comilón. Se-
              guro que usted también lo es.

NATALIA   ¡Y su tía una cotilla!

LOMOV   Se me ha dormido la pierna izquierda. Creo que me va a dar un infarto.

NATALIA   ¡Pues que le dé fuera de aquí! Tome, su sombrero y ¡largo!

CHUBUKOV   ¡Y no vuelva a poner los pies en mi casa! (LOMOV *sale tambaleándose.*) ¡Que se vaya al diablo!

NATALIA   Después de esto, es imposible creer en los buenos vecinos. He perdido la fe en la humanidad.

CHUBUKOV   ¡Canalla! ¡Espantapájaros!

NATALIA   Déjalo ya, papá. Ya se ha ido. Espero que no vuelva por aquí.

CHUBUKOV   Y encima pretendía pedir tu mano.

NATALIA   ¿Qué? ¿Venía a pedir mi mano?

CHUBUKOV   Claro, por eso venía vestido de gala.

NATALIA   Pero ¿por qué no me lo has dicho? ¡Que vuelva! ¡Haz que vuelva!

CHUBUKOV   Pero ¿qué te pasa?

NATALIA   ¡Ve a buscarlo!

CHUBUKOV	¡Está bien, está bien! ¡Ya voy! (*Aparte.*) No entiendo nada. Qué difícil es ser padre de una hija... (*A* NATALIA.) Pero si querías casarte con él ¿por qué lo has echado de casa?
NATALIA	¿Yo? ¡Has sido tú quien lo ha echado!
CHUBUKOV	¡Has sido...! Está bien, no quiero empezar otra discusión. Al final siempre tengo yo la culpa.

(*Sale de la casa.*)

NATALIA	¡Corre!

(*Se deja caer en el sillón. En seguida entra* CHUBUKOV *con* LOMOV.)

CHUBUKOV	Aquí lo tienes.
NATALIA	¿Ya?
CHUBUKOV	No estaba muy lejos.
LOMOV	Apenas podía andar con este calambre en la pierna. Necesito agua. (NATALIA *corre a servirle el agua, y le entrega el vaso, cuidadosa.*) Hace calor aquí, ¿no?
CHUBUKOV	Bueno, os dejo solos...

(*Sale.*)

NATALIA	Antes nos hemos acalorado un poco. He recordado que Las Praderas son efectivamente suyas. La abuelita, ya sabe...
LOMOV	No importa. Era más cuestión de principios que otra cosa.
NATALIA	Claro, tiene razón. Cambiemos de tema. No sé por dónde empezar. Tal vez usted tenga algo que decirme...
LOMOV	Pues...
NATALIA	(*Aparte.*) Ya empezamos con el ojo. Y el caso es que no está mal. Esos achaques y esos nervios son cosa de la soltería. Se los quito yo en una semana.
LOMOV	(*Aparte.*) Y el caso es que me gusta, la condenada. Tiene genio, pero eso no es malo...
NATALIA	(*Aparte.*) ¿Por qué no se decide?
LOMOV	(*Aparte.*) Tengo que decidirme... Allá voy.
NATALIA	(*Aparte.*) Este silencio me pone de los nervios. (*A* LOMOV.) ¿Cuándo piensa usted ir a cazar?
LOMOV	Me gustaría haber empezado ya, pero mi perro «Ugadai» se ha quedado cojo.

NATALIA   Ay, pobre… (*Aparte.*) Debe ser otro *pupas* como el amo. (*A* LOMOV.) ¿Qué le ha pasado?

LOMOV   No sé, ha debido torcerse una pata, o tal vez lo ha mordido otro perro. Es una lástima. Le tengo mucho aprecio. Y es mi mejor perro. Pagué ciento veinticinco rublos por él.

NATALIA   ¿Ciento veinticinco? Lo estafaron.

LOMOV   No, es un perro magnífico.

NATALIA   Mi padre pagó ochenta y cinco rublos por «Oktakai» y le da mil vueltas a «Ugadai».

LOMOV   No me haga reír. ¿«Oktakai» es mejor que «Ugadai»?

NATALIA   Por supuesto que es mejor. No hay un perro como él en toda la región. ¿Lo ha visto usted bien?

LOMOV   Claro que lo he visto. Y he visto que tiene la mandíbula superior algo más corta que la inferior y un perro así no puede ser bueno.

NATALIA   ¿La mandíbula superior más corta que la inferior? Es la primera vez que lo oigo. ¿Qué pasa? ¿Es que se ha dedicado usted a medir las mandíbulas de mis perros?

LOMOV   No hace falta. Cualquiera puede verlo a simple vista.

NATALIA	Vamos a ver... Nuestro «Oktakai» es de pura raza. Es hijo de «Zeus» y de «Stameska». A saber de dónde ha salido el suyo. El cojo.
LOMOV	Pues cojo y todo, no cambio un «Ugadai» por cinco «Oktakais».
NATALIA	Señor Lemonov, ¿en qué clase de universo imaginario vive usted? Tan pronto se cree que Las Praderas son suyas como que su chucho cojo es mejor que nuestro excelente «Oktatai».
LOMOV	¿El de la mandíbula inferior prominente?

(*Para burlarse, adelante la mandíbula inferior.*) |
NATALIA	¡No la tiene prominente! ¡Eso es mentira! (LOMOV *sigue haciendo burla, canturreando.*) ¡Está usted loco! Definitivamente está loco. Su «Ungadai» está para el arrastre, tendría que sacrificarlo, ¿y pretende compararlo con «Otkatai»?
LOMOV	Me está produciendo usted dolor de cabeza con sus gritos. Cállese, por favor.
NATALIA	¡No pienso callarme hasta que reconozca que «Otkatai» es cien veces mejor que «Ugadai»!

LOMOV ¡De ninguna manera! ¡Es cien veces peor! ¡Tiene la mandíbula saliente!

(*Entra* CHUBUKOV.)

CHUBUKOV ¿Qué pasa?

NATALIA Papá, sinceramente, ¿tiene «Otkatai» la mandíbula inferior más larga que la superior?

CHUBUKOV ¿Y qué si así fuera? Es el mejor perro de los alrededores.

LOMOV ¿Qué? Usted no sabe lo que dice. ¿Acaso no recuerda que cuando el conde vio a «Ugadai» dijo que era el mejor perro que había visto en su vida?

CHUBUKOV A usted se le va la cabeza con ese perro. El conde es una persona educada, eso es todo. ¡No entiendo lo que pretende! ¡Primero nos acusa de querer robarle unas tierras, y después se dedica a insultar a nuestro perro, que no le ha hecho nada!

LOMOV Creo que me estoy mareando.

NATALIA Ya empezamos.

LOMOV Esta vez va en serio. No puedo mover esta pierna… Me duele…

(*Se desmaya. Hay una pausa.*)

NATALIA   ¿Se ha muerto?

CHUBUKOV   Es capaz, sólo para fastidiarnos. Menudo pelmazo. ¿Ha llegado a declararse?

NATALIA   No. Surgió el tema de los perros y…

CHUBUKOV   Mejor. De buena te has librado.

NATALIA   No digas eso. Me gusta.

CHUBUKOV   ¿Ah, sí?

NATALIA   Sí. Mucho. Bueno, bastante. Y ahora se ha muerto.

                 (LOMOV *empieza a moverse.*)

LOMOV   ¿Qué ha pasado? ¿Dónde estoy?

CHUBUKOV   Está usted en mi casa, querido vecino.

LOMOV   ¿Y qué hago aquí? Ah… sí… Ya me acuerdo. Natalia, yo…

NATALIA   ¡Sí!

LOMOV   ¿Sí, qué?

NATALIA   Que sí, que me caso contigo.

LOMOV   ¿En serio? ¿Aunque mi perro sea mejor que el suyo?

NATALIA   Sí, me da igual.

LOMOV   Bueno, a lo mejor son igual de buenos.

CHUBUKOV   Ese es el camino. ¡Voy a por champán!

LOMOV   Me da gases.

CHUBUKOV   (*Al público.*) Qué largo se me va a hacer eso… (*A* NATALIA.) ¿Eres feliz?

NATALIA   Mucho, papá. ¿No es una monada?

CHUBUKOV   Qué ciego es el amor…

             (*Se abrazan todos….*)

             Fin.

la ondina[3]

de Alejandro S. Pushkin

---

[3] Una ondina es una sirena o espíritu del agua. Se refiere sobre todo a las que viven en ríos y lagos.

Personajes
Por orden –más o menos– de intervención

MOLINERO
HIJA
PRÍNCIPE
PALAFRENERO[4]
CASAMENTERO[5]
INVITADO
INVITADO A LA BODA.
TESTIGO DE BODA
ONDINA MAYOR   Hija del Molinero.
RUSALKA   Hija de la Ondina Mayor.
CORO   Chicas del pueblo, Ondinas.
UNA VOZ
MONTEROS[6]
PERSONAJES

3 🕴 7 🕴 ? 🕴 1 🔊

---

[4] Un palafrenero es quien se ocupa de cuidar a los caballos en las cuadras de los grandes señores.

[5] El casamentero –o muchas veces casamentera– era una persona que se encargaba de organizar matrimonios.

[6] Los monteros son los criados que acompañan y ayudan en la caza a los grandes señores.

Escena primera
Fuera del molino, cerca del río[7]

El MOLINERO *y su* HIJA

MOLINERO   Ay que ver, qué tontas sois las chicas jóvenes. Si ya lo sabía yo. Te ha dejado plantada, ¿a que sí? No lo niegues, que lo sé perfectamente. Si ya lo decía yo, mucho mimo y mucho arrumaco y ahora ¿qué? Si te he visto, no me acuerdo, y a quien Dios se la dé, san Pedro se la bendiga, y adiós muy buenas.

HIJA   ¿Por qué dices que me ha dejado plantada?

MOLINERO   ¿Por qué? Pues más claro, agua. ¿Cuántas veces venía al molino al principio? Todos los días. A veces, incluso dos veces al día. Después, cada dos días, después cada tres y ahora... Hace nueve días que no lo vemos. Suma dos y dos. Que no nací ayer, hija.

HIJA   Está ocupado. Él tiene que llevar un principado, no un simple molino como tú. ¿Qué

---

[7] Aunque aquí estamos más familiarizados con los molinos de viento, hay molinos en los que la fuerza para mover sus mecanismos la produce la corriente del agua. Se construyen junto a los ríos.

trabajo tiene que hacer un molino, si todo lo hace el agua?

MOLINERO   ¿Trabaja? ¿Un príncipe? Pero ¿Qué trabajo tiene que hacer un príncipe? ¿Bailar? ¿Ir de caza? ¿Conquistar jovencitas medio bobas? Lo mío sí que es trabajo de verdad. Mira estas manos. Siempre hay que estar pendiente del molino, arreglar lo que se estropea, cambiar las ruedas… Por cierto, ¿no habrás conseguido que te dé dinero para unas ruedas nuevas? Nos vendría la mar de bien. Las tenemos ya muy gastadas, tienen al menos cien años… Intenta que, antes de que te deje para siempre, al menos se estire un poco…

(La HIJA empieza a dar saltitos, muy nerviosa.)

HIJA   ¡Ay! ¡Ay!

MOLINERO   ¿Qué te pasa? ¿Te ha entrado una rana bajo la falda?

HIJA   Viene, viene ¡viene! ¡¡Viene!!

MOLINERO   ¿Quién?

HIJA   ¿No oyes su caballo?

MOLINERO   Oigo un caballo, pero todos los caballos suenan igual.

(En efecto, se oyen los cascos de un caballo que se acerca.)

HIJA   Es él. ¡Es él!

(Y así es: en seguida entra el PRÍNCIPE. *Habla a su* PALAFRENERO *que ha quedado fuera.)*

PRÍNCIPE   ¡Sujeta bien los caballos! *(Y luego.)* Buenos días, amada mía. Buenos días, molinero.

MOLINERO   Bien venido seas, Príncipe. Hace mucho que no veíamos tus claros ojos. Voy a preparar algo para obsequiarte.

(Se va, pero no sin hacerle señas a su HIJA *para que le pida dinero.)*

HIJA   *(Al* PRÍNCIPE.*)* ¡Por fin te acuerdas de mí! ¿Es que no te da lástima atormentarme todo este tiempo con esta espera cruel? La de cosas terribles que he pensado. Primero que tu caballo se hundía en un pantano, contigo encima, claro, después que te atacaba un oso, después que te había asesinado un enemigo, después que estabas enfermo y que te ibas a morir, después…

PRÍNCIPE   Está bien, está bien… Me hago una idea.

HIJA   Pero por fin estás aquí, sano y salvo. Dime una cosa, ¿me amas lo mismo que la semana pasada?

PRÍNCIPE   Lo mismo. Bueno, más.

HIJA   Pues no pareces muy contento de verme...
¿Qué te pasa? Pareces triste.

PRÍNCIPE   ¿Triste? No, qué va... Estoy muy contento de estar a tu lado, junto a tu molino, con su río... (*Se da una palmada en la cara.*) sus mosquitos...

HIJA   No, no. Te conozco. Cuando vienes alegre, lo veo desde lejos. Me saludas con la mano y cuando llegas preguntas «¿dónde está mi palomita?». Y después me besas, y me preguntas por mis cosas... Hoy en cambio, estás mohíno[8], no me besas... Debes tener alguna preocupación. ¿O es que estás enfadado conmigo?

PRÍNCIPE   No puedo fingir, y no quiero seguir ocultándotelo. Tienes razón. Mi corazón está dolorido y henchido de tristeza.

HIJA   Lo sabía. Te conozco muy bien. Dime qué te pasa. Si me dejas, lloraré, pero si lo prefieres no derramaré una sola lágrima. Lo que prefieras. Pero no tiene sentido demorar[9] las cosas.

---

[8] Mohíno significa «triste, abatido, disgustado».

[9] Demorar: retrasar.

PRÍNCIPE   Tienes razón. Cuanto antes te enteres, será
             mejor.

HIJA   De perdidos al río, como dice mi padre.

PRÍNCIPE   Cariño mío, ya sabes que en este mundo
             no hay felicidad duradera. Ni la nobleza,
             ni la hermosura, ni siquiera la bondad pue-
             den evitar el dolor. Tú y yo hemos sido
             muy felices, palomita, ¿no crees? Al me-
             nos yo era muy dichoso con tu amor. Su-
             ceda lo que suceda, esté donde esté, siem-
             pre te recordaré.

HIJA   Un momento, un momento... A ver, a ver
             a ver... ¿Estás diciendo que...?

PRÍNCIPE   Que el destino nos obliga a separarnos.

HIJA   ¿El destino? ¿Y quién se cree el destino que
             es para separarme de ti? Soy libre, y pue-
             do seguirte adonde vayas. Si te vas de via-
             je, o tienes que ir a la guerra, que ya sé que
             es una cosa que a los príncipes os gusta
             bastante, me disfrazaré de chico y seré tu
             asistente. Nunca podrás soñar con un asis-
             tente más cariñoso. Yo no le tengo miedo
             a nada. Pero no, no... No te creo. Ya sé lo
             que pasa: me estás poniendo a prueba. O
             me estás gastando una broma.

PRÍNCIPE   No, no te estoy poniendo a prueba o gas-
             tándote ninguna broma. Y aunque no me

voy a la guerra ni salgo se viaje, debo despedirme de ti para siempre.

HIJA   ¿Por qué?

PRÍNCIPE   No me hagas decírtelo.

HIJA   Ya me lo has dicho con tus ojos. ¡Te casas! ¿Te casas? ¡¿Te casas?!

PRÍNCIPE   Los príncipes no somos libres, como las muchachas del pueblo. No podemos elegir a la amada que nos gusta, sino que se nos impone por conveniencia.

HIJA   O sea, que ¿encima tengo que sentir lástima?

PRÍNCIPE   Lo siento. El tiempo irá apaciguando tu dolor.

HIJA   Nunca desaparecerá este dolor.

PRÍNCIPE   No me olvides.

HIJA   ¿Y cómo voy a olvidarte? Eres mi primer amor. Y tal vez seas el último.

(El PRÍNCIPE *hace una seña y se acerca el* PALAFRENERO *con un pequeño cofre.*)

PRÍNCIPE   Toma… quiero que tengas esto.

(*Abre el cofrecito y saca una bella diadema de diamantes.*)

HIJA   No necesito...

PRÍNCIPE   Déjame... (*Le coloca la diadema y un collar de perlas que también saca del cofre.*). Y esto... Se lo prometí a tu padre, para que cambie las ruedas del molino. (*El PRÍNCIPE saca también una bolsa de monedas.*) Nunca dejaré de quererte.

HIJA   Es mejor que te vayas, antes de que...

PRÍNCIPE   ¿Antes de qué?

HIJA   Antes de que te diga lo que no debería decirte.

PRÍNCIPE   ¿El qué?

HIJA   Nada. Vete.

PRÍNCIPE   No puedo irme así.

HIJA   Está bien. (*Respira hondo.*) Llevo un hijo tuyo. Se acaba de mover dentro de mí. Ya puedes irte a cumplir con tu deber. Ya puedes olvidarte de mí.

PRÍNCIPE   ¿Qué? No, no, ¿cómo me voy a olvidar de ti? Eso nunca. Escucha, no te voy a dejar sola, voy a encargarme de ti y de nuestro hijo. Te lo prometo.

(*La abraza. Ella, tratando de mantenerse fría, no le devuelve el abrazo. El* PRÍNCIPE *se separa de ella y se aleja. El* PALAFRENERO *deja el cofre a los pies de la* HIJA, *que permanece inmóvil, y se va con el* PRÍNCIPE.)

PALAFRENERO   Bueno, podía haber sido peor, ¿no? Podía haberos montado una escena...

(*Salen los dos. El* MOLINERO *sale del molino, hablando. Trae una bandeja con vasos, una jarra de vino y algunas viandas.*)

MOLINERO   Siento no tener nada mejor, pero es el mejor vino de la comarca... (*Se da cuenta de que el* PRÍNCIPE *no está.*) Pero ¿dónde está? ¿Dónde está el príncipe? (*La* HIJA *no responde.*) ¿Y esas joyas? ¿Qué es todo eso? ¿Un regalo de pedida? Podría haber esperado a que estuviera yo delante... ¿No dices nada? (*Ve el cofre a los pies de la* HIJA. *Deja la bandeja y se acerca, lo coger y mira adentro.*) ¿Y esto? (*Saca la bolsa de las monedas. Mira el interior.*) ¡Madre del amor hermoso! ¿Qué es todo esto?

HIJA   Para ti. Para las nuevas ruedas del molino. Para que compres unas nuevas, de piedra dura, tan dura como su corazón.

MOLINERO   ¿Qué dices?

HIJA   Aún no lo creo Lo amaba tanto...

MOLINERO   ¿Hablas del Príncipe?

HIJA   ¿En qué puedo haberle disgustado? ¿He perdido mi belleza en una semana?

MOLINERO   Pero hija...

HIJA   ¡Se ha ido! Se ha alejado al galope y yo lo he dejado ir. ¡Debería haberme agarrado a las bridas de su caballo, aunque hubiera acabado pisoteada!

MOLINERO   Estás delirando.

HIJA   Los príncipes no son libres como las muchachas, no eligen la esposa que les gusta. Pero son libres para ir seduciendo, suplicando y prometiendo... Pueden decir «te llevaré a palacio, serás mi reina...» Al anochecer, y «adiós, palomita, eres libre, puedes ir adonde quieras» al amanecer.

MOLINERO   Ahora comprendo lo que ha ocurrido.

HIJA   ¿Quién será su prometida? Tengo que saberlo, tengo que llegar hasta ella y decirle: «¡Deja al príncipe, maldita víbora! ¡Es mío!»

MOLINERO   Hija…

HIJA   Disfruta de las nuevas ruedas de tu molino,
padre. Son el premio por haber permitido
mi desgracia. Tendrías que haberme acon-
sejado mejor.

MOLINERO   ¿Cómo eres capaz de decirme eso, hija? Te
aconsejé una y mil veces… Eres mi única
hija, la alegría de mi vida. ¿Hubieras pre-
ferido que te tuviera encerrada como hacen otros padres?

(*La* HIJA *agarra el collar.*)

HIJA   ¡Me ahogo! Este maldito collar es como
una serpiente que me asfixia. (*Se arranca
el collar, lo tira al suelo y lo pisotea.*) Así te
aniquilaría, malvada víbora, ¡maldita mujer! (*Se quita la diadema.*) ¡Fuera corona,
fuera!

(*Arroja la corona lejos de sí.*)

MOLINERO   ¿Qué haces? (*El* MOLINERO *corre a por la
corona y empieza a rebuscar.*) ¿Dónde ha
caído? ¿Dónde ha caído?

HIJA   Aquí se acaba todo. Recuérdame cuando
mires tus ruedas de molino.

(*Sale por un lateral. Empezamos a oír fuerte el rugido del agua del río.*)

MOLINERO ¿Adónde vas? ¡No vayas por ahí, es peligroso! (*Aumenta el rugido del agua.*) ¡Hija! ¡No! ¡No! ¡Nooooo! (*Sale corriendo tras ella, con el cofre entre las manos. Aún oímos su voz.*) ¡No, hija mía! ¡Noooo!

Escena segunda.
Palacio del principe

Se está celebrando la boda. Los novios —el Príncipe *y la* Princesa— *están sentados en la mesa con* Invitados, *preparándose para escuchar a unas cuantas chicas jóvenes —el* Coro— *que se disponen a recitar o cantar.*

Casamentero   Habéis visto, Alteza, ¿qué alegre boda hemos preparado? Los manjares son exquisitos, las bebidas deliciosas, los invitados elegantes, la música celestial... Y ahora, estas chicas del pueblo van a recitaros una poesía. (*Da palmadas.*) Vamos, chicas... ¡Vamos!

(*Las chicas van recitando, alternando las estrofas, el siguiente poema.*)

Coro   Hoy el sol reluce alegre
hoy sonríen los cerezos
las flores, los pajaritos
y hasta sonríen los cerdos.
Sonríe el bebé sin dientes
y sin dientes el abuelo.
Y el gallo de la veleta
sonríe al pasar el viento.
Porque hoy es día de boda

y esta boda alegra al cielo
alegra a los que son ricos
y alegra hasta el pobre pueblo.
Que los novios sean felices
es nuestro mayor deseo.
Casamentero, bien suena
tu bolsa; saca el dinero
y reparte a las doncellas
que dijeron estos versos.

(*Los* INVITADOS *aplauden, las chicas del* CORO
saludan y el CASAMENTERO *reparte monedas
entre ellas. De pronto, se oye una* VOZ.)

VOZ Yendo la novia a la boda
un puente cruzó, sonriendo
y al cruzarlo miró abajo
y miró el claro arroyuelo.
Dos pececillos charlaban
en el fondo, y uno de ellos
le dijo al otro: «¿no sabes
lo que pasa, compañero?
Una muchacha en el río
se ha arrojado, allí la vieron
y se ha ahogado en la corriente
a su amado maldiciendo».

(*El* PRÍNCIPE *se pone de pie, alterado. El* CA-
SAMENTERO, *nervioso, las manda callar.*)

CASAMENTERO ¡Esa canción no es propia de una boda! ¿En
qué estáis pensando? ¿Quién ha sido? ¿Eh?
¿Quién?

(Empiezan a señalarse unas a otras.)

CORO   No sé… Yo no… Ella, ella…

CASAMENTERO   ¡Vamos! ¡Vamos, vamos, fuera de aquí, desvergonzadas!

(Salen las chicas del CORO, *alborotadas.)*

PRÍNCIPE   Yo sé quién ha sido. *(Hace una señal y se acerca el* PALAFRENERO.) Ha sido la molinera. Búscala. Tiene que estar escondida entre las otras. Búscala. Y entérate de quién la ha dejado pasar. *(El* PALAFRENERO *sale.)* Tiene que haber sido ella.

(Regresa el PALAFRENERO.)

PALAFRENERO   No la he visto. No estaba entre ellas.

PRÍNCIPE   Sé que ha sido ella. ¡Búscala!

INVITADO   ¡Qué hidromiel[10] tan bueno! ¡Qué lástima que esté aguado! ¡Hay que endulzarlo!

INVITADOS   ¡Que se besen! ¡Que se besen!

(Los PRÍNCIPEs *se besan. Se oye un grito de mujer.)*

---

[10] Hidromiel es una bebida alcohólica que se obtiene de la fermentación de la miel.

PRÍNCIPE   ¡Es ella! ¡Es ella!

               (*Regresa el* PALAFRENERO.)

PALAFRENERO   No la encuentro, señor, y las muchachas
               del coro dicen que no han visto a nadie que
               no conozcan.

PRÍNCIPE   ¡Estúpido!

TESTIGO   ¡Es hora de que el Príncipe y la Princesa se
               retiren a sus aposentos!

               (*El* PRÍNCIPE *y la* PRINCESA *se retiran entre
               aplausos. Cuando ya se han ido...*)

CASAMENTERO   Vaya boda, ¿eh? Bebed y comed, que aún
               queda comida y bebida para todos. Vamos,
               vamos...

TESTIGO   Todo ha ido bien, salvo una cosa...

CASAMENTERO   ¡No me hables! Me pregunto quién habrá
               tenido el mal gusto de recitar ese poema.

INVITADO   Es de mal agüero.

TESTIGO   Y ese grito me ha puesto los pelos de punta.

CASAMENTERO   No hay que preocuparse. Habrá sido algu-
               na broma de esas chicas...

INVITADO   Bueno, pues nos vamos... enhorabuena...

(*Se van yendo todos. Se queda solo el* Casamentero.)

Casamentero Ay… Mi corazón está inquieto. En mala hora concerté esta boda.

Escena tercera
Habitación de la princesa

La PRINCESA *está con su* AYA[11]*, que la ayuda a desvestirse y ponerse el camisón de dormir.*

PRINCESA   ¿Has oído?

AYA   ¿El qué?

PRINCESA   Parece el cuerno de caza. ¿Será que regresa mi marido?

AYA   Yo no he oído ningún cuerno.

PRINCESA   Te estás quedando sorda con la edad.

AYA   Tengo mejor oído que un gato. Y si digo que no ha sonado ningún cuerno es que no ha sonado ningún cuerno. Vuestro esposo el Príncipe tampoco regresa hoy.

PRINCESA   No lo entiendo. Cuando estábamos prometidos no se alejaba ni un paso de mí. Pero desde el día de nuestra boda, todo es

---

[11] El aya era la mujer que cuidaba de los niños desde pequeños. En muchas obras clásicas aparecen ayas como confidentes y consejeras, especialmente de jóvenes de familias ricas.

distinto. Se levanta temprano, ordena que le ensillen el caballo y sale al bosque. Sabe Dios adónde anda hasta la noche. Al regresar, apenas me habla, apenas me acaricia...

AYA   Ay, princesita... Así son los hombres...

PRINCESA   A lo mejor tiene algún amor secreto.

AYA   Calla, calla. ¿A quién iba a querer teniéndote a ti? Tú lo tienes todo: inteligencia, buena educación y belleza incomparable. ¿Dónde va a encontrar una cosa igual? No te atormentes, es un culo de mal asiento, eso es todo.

PRINCESA   Si al menos tuviéramos un hijo... tendría más motivos para estar en casa. (*Se oye un cuerno de caza.*) ¡Ahora sí ha sonado! ¡No lo puedes negar! (*Corre hacia la ventana.*) Sí, ahí vienen sus monteros... Pero no veo a mi esposo... (*Grita.*) ¡Eh! ¡Sí, tú! ¿Dónde está mi marido? ¡Vamos, sube!

AYA   ¿Vas a hacerle subir?

PRINCESA   Tengo que saber dónde está mi esposo.

             (*Entra el* MONTERO.)

MONTERO   Alteza...

PRINCESA   ¿Dónde está mi marido?

MONTERO	Nos ordenó que volviéramos sin él.
PRINCESA	¿Cómo? ¿Lo habéis dejado solo?
MONTERO	Dijo que no quería compañía. Allí se quedó, a la orilla del río.
PRINCESA	¿A la orilla del río?
MONTERO	Le gusta pasear mientras mira las aguas... Es como si buscara algo.
PRINCESA	Pero ¿cómo se os ocurre dejarlo solo? ¡Vaya unos servidores! ¡Volved en seguida! ¡Volved junto a él! Y si dice algo, decidle que os lo he mandado yo. ¡Vamos! (*Sale el Montero.*) ¡Ay, Dios mío! En el bosque y de noche pueden ocurrir muchas desgracias. Hay fieras, hay bandoleros...
AYA	Y espíritus. Espíritus de los árboles, espíritus del viento, y espíritus del agua. Esos son los peores, dicen.
PRINCESA	Me estás poniendo nerviosa. Vamos, vamos, pon una vela más ante los iconos[12].
AYA	Ya voy, ya voy...

[12] Icono: cuadro que representa a la virgen María, a Jesucristo o algún santo. Hoy en día lo usamos con otros significados, pero derivados de este primero: «emoticonos». iconos que expresan emociones.

(*Sale. La* Princesa *se queda sola, llena de preocupación.*)

Escena cuatro
El molino en ruinas, junto al río

Las ONDINAS *cantan o recitan.*

ONDINAS   Desde el lecho del río, cuando sale la luna,
salimos a cantar y danzamos alegres
mientras la suave brisa perfumada enjuga
nuestras flotantes cabelleras verdes.

Si escuchas nuestras voces, caminante
no te acerques, vuelve sobre tus pasos
pues no nos gusta ser vistas por nadie
y a los curiosos a veces castigamos.

Pero si traes un pobre corazón herido
tal vez encuentres caridad y hasta afecto
si de verdad vienes buscando ser oído
tal vez, no lo aseguro, te daremos consuelo.

Somos criaturas salvajes e inocentes.
El bien y el mal se funden en nuestro
[corazón
Nuestra danza es hechizo, no te hagas el
[valiente
No dejes que te envuelva nuestra dulce
[canción.

UNA ONDINA   ¡Sssssh! Cuidado… Los pájaros de la noche han enmudecido.

OTRA ONDINA   Alguien camina por la tierra, bajo la luna. ¡Escondeos!

(*Se tiran todas al agua que queda oculta tras unos matorrales. Solo quedan la* ONDINA MAYOR *y* RUSALKA, *una joven ondina.*)

RUSALKA   ¿Es él, madre?

ONDINA M.   Sí. Por fin ha venido.

RUSALKA   ¿Por qué quieres que se acerque?

ONDINA M.   Es tu padre.

RUSALKA   Mi padre… ¿El estúpido que te abandonó por una mujer?

ONDINA M.   Yo también era entonces una mujer, no lo olvides.

RUSALKA   No te imagino como mujer.

ONDINA M.   Pues lo fui. Rusalka, quiero que salgas a su encuentro.

RUSALKA   ¿Para qué? No necesito un padre.

ONDINA M.   Obedece. Habla con él. Sé cariñosa. Cuéntale todo lo que ha pasado, háblale de tu nacimiento bajo las aguas. Y cuando te pregunte por mí dile que no lo he olvidado, que lo sigo amando y lo sigo esperando. ¿Lo harás?

RUSALKA   Sí, madre. Lo haré. Lo haré llena de alegría.

ONDINA M.   Pero espera que esté solo. (*Sale* RUSALKA.) Ven, Príncipe... Ven y hazme feliz. Hazme feliz dándome el único placer que deseo: la venganza.

                   (*Aparece el* PRÍNCIPE.)

PRÍNCIPE   Una fuerza misteriosa me atrae a estas tristes orillas. Estos lugares me son conocidos... ¿Qué es eso? ¡El molino! Pero está en ruinas... Ya no se oye el rumor de su rueda. ¿Qué habrá sido del molinero? ¿Habrá muerto? Apenas ha tenido tiempo de llorar a su desgraciada hija. Y ahí está el roble donde hablamos por última vez... Cuántos remordimientos se han despertado en mí. Quisiera arreglar tanto daño, pero no puedo. Ya nada tiene remedio. Si por lo menos pudiera ayudar a ese hombre... (*Aparece entonces la pequeña ondina* RUSALKA. *Su llegada sobresalta al* PRÍNCIPE.) ¿Quién eres?

RUSALKA   Soy Rusalka. Y si no me han informado mal, soy tu hija.

PRÍNCIPE   ¿Mi hija? ¿Cómo es posible?

RUSALKA   No intentes comprenderlo todo. Mírame.
              Tengo tus ojos.

PRÍNCIPE   ¿Y tu madre?

RUSALKA   Mi madre me encarga que te diga que aún
              te ama, que no te olvida y que te sigue
              esperando.

PRÍNCIPE   ¿Dónde?

RUSALKA   ¿Dónde va a ser? En el fondo del río, don-
              de vive desde que la dejaste.

PRÍNCIPE   Eso es un pequeño problema.

RUSALKA   ¿Por qué?

PRÍNCIPE   No nado muy bien.

RUSALKA   Oh, no te preocupes. Con el oro y las joyas
              que mi abuelo tiró al agua antes de marchar-
              se, los espíritus quedaron tan contentos que
              nos permiten todo tipo de caprichos. Y lo
              mismo que salvaron a mi madre de la muer-
              te podrán salvarte a ti.

PRÍNCIPE   Entonces... si me tiro al agua...

RUSALKA   Llegarás junto a ella y viviremos felices los
              tres.

PRÍNCIPE   La corriente es tan fuerte aquí… Y en la noche las aguas se ven tan negras…

RUSALKA   Bajo la luz del sol estas cosas no funcionan igual… Vamos, ven… Sólo es un salto, mi madre está deseando verte…

(*El* PRÍNCIPE *se acerca al agua.*)

PRÍNCIPE   Me parece oír su voz…

RUSALKA   Vamos… Creo que empieza a hacerme ilusión la idea de tener un padre.

(*El* PRÍNCIPE *parece dispuesto a saltar. Entonces se oye la voz del* MONTERO.)

MONTERO   ¡Señor! ¡Señor!

RUSALKA   ¿Quiénes son esos?

PRÍNCIPE   Mis monteros. Vienen a por mí.

(*Se acerca el* MONTERO.)

MONTERO   ¿Qué hacéis ahí? Vais a caeros al agua. Y las corrientes aquí son muy traicioneras. Es una muerte segura.

PRÍNCIPE   ¿No os dije que quería estar solo? ¿Por qué habéis venido?

MONTERO   Nos manda vuestra esposa. Está muy preocupada por vos. No quiero meterme en lo que no me llaman, pero… Os ama. Os ama de verdad.

(*El* PRÍNCIPE *vacila. Mira el agua, mira hacia atrás… Al fondo vemos la figura de la* PRINCESA.)

RUSALKA   ¿Vas a abandonarnos otra vez? Decídete. Es sólo un salto… Y después la felicidad eterna.

PRÍNCIPE   No sé qué hacer…

MONTERO   Volved a casa.

RUSALKA   Vamos… ¡Salta! Mi madre te espera…

PRÍNCIPE   No me entendéis. Si digo que no sé qué hacer es porque esta obra no está terminada.

(*Entonces, la acción se interrumpe —ya que la obra original no está terminada— y empiezan a salir todos los personajes, discutiendo.*)

UN PERSONAJE   ¿Cómo que no está terminada?

PRÍNCIPE   Lo que os digo, que Pushkin la dejó sin acabar.

PERSONAJE 1   Pero bueno… qué irresponsable.

PERSONAJE 2   Vaya cara.

PERSONAJE 3   ¿Y nos deja así?

PERSONAJE 4   Pero la obra tiene que acabar de alguna
                manera.

PERSONAJE 5   (Al PRÍNCIPE.) Así que tienes que decidir-
                te: te tiras o no.

UN GRUPO DE PERSONAJES   ¡Que se tire! ¡Que se tire!

OTROS   ¡Que vuelva a casa! ¡Que vuelva! ¡Que
                vuelva!

                (Se organiza una gran algarabía, y empiezan
                a pelearse. Se destaca uno de los personajes,
                tal vez el MOLINERO, o el CASAMENTERO.)

PERSONAJE 1   Que lo decida el público. Vamos a ver: los
                que quieran que la hija del molinero, que
                ahora es una Ondina, consiga su venganza
                y el Príncipe sea castigado, que levanten la
                mano. (Los espectadores que lo deseen levan-
                tarán la mano.) Los que quieran que vuel-
                va a casa con la Princesa…

PRINCESA   (Aparece con un predictor en la mano.) ¡Es-
                toy embarazada!

ONDINA M.   ¡Eso es juego sucio!

PERSONAJE Lo dicho: los que quieran que el Príncipe se salve y vuelva con la princesa, que levanten la mano.

(Los espectadores que deseen ese final la levantarán. Con arreglo al resultado, habrá dos finales.)

Final 1
El Príncipe se tira al agua

Volvemos al momento en el que el PRÍNCIPE *está dudando.*

RUSALKA   ¿Vas a abandonarnos otra vez? Decídete. Es sólo un salto... y después la felicidad eterna.

ONDINA M.   (*Voz en off.*) Ven, mi amor... Todo está perdonado... Seremos felices...

MONTERO   Volved a casa, señor...

PRÍNCIPE   Lo siento. Dile a mi esposa que la quiero, pero quiero ser feliz.

               (*Y se tira al agua. Todos se acercan a la orilla. Se oye una gran carcajada.*)

RUSALKA   Padre... padre... ¡No te dejes arrastrar por la corriente! ¡Madre! ¿Por qué no se transforma? ¿Por qué? ¡Padre! ¡Padre!

ONDINA M.   ¡Al fin cumplí mi venganza!

               (*La música, al estilo de las óperas, marca un dramático final.*)

Final 2
El Príncipe vuelve a casa

Volvemos al mismo momento.

RUSALKA   ¿Es que vas a abandonarnos otra vez? De-
           cídete. Es sólo un salto... Y después la fe-
           licidad eterna.

MONTERO   Señor, no sé quién es esa criatura, pero no
           podéis fiaros de los espíritus del bosque.
           La princesa os espera en casa. Si vuelvo sin
           vos iré a la mazmorra, eso seguro. Pero no
           os lo pido por eso. Os pido que tengáis en
           cuenta vuestro deber, el amor de vuestros
           súbditos... Y el amor de vuestra esposa,
           que morirá de dolor si vos no regresáis.

           (*El* PRÍNCIPE *se aleja de la orilla.*)

RUSALKA   ¡No, padre, no!

PRÍNCIPE   Lo siento. Habéis podido vivir sin mí. Pero
           mi esposa morirá si no vuelvo.

           (*Aparece* ONDINA MAYOR.)

ONDINA M. ¡Vete! Huye otra vez, cobarde... Pero tal
           vez sea mejor así. Ella no merece morir por

tu culpa como estuve a punto de morir yo.
Sólo por ella conservas la vida.

RUSALKA   Entonces, ¿vamos a dejar que se vaya?

PRÍNCIPE   ¿Por qué no vienes de vez en cuando a visitarnos? Te gustaría. Puedo encargar una bañera del tamaño que quieras para que estés a gusto…

RUSALKA   (*A* ONDINA MAYOR.) ¿Puedo?

ONDINA M.   Está bien. Es tu padre, tienes derecho a él.

PRÍNCIPE   Pues entonces… ¡En marcha!

(*Y se alejan mientras las* ONDINAS *les despiden con la mano. Y en esta ocasión es una música alegre.*)

Fin.

Nota: También se puede declarar empate y se hacen los dos finales.

la boda

de Antón Chéjov

Personajes

La familia

PLOMOV	El novio
DASHENKA	La novia
JIGALOV	El padre
NASTASIA	La madre

Los invitados

CAMARERO	
GENERAL	Camarero disfrazado
NIUNIN	Agente de seguros
ANNA	Cantante
JARALAMPIOS	Confitero griego
IVÁN	

3 👤 7 👤

La escena representa el comedor del restauran-
te donde se celebra la boda. En este momento
está vacío, porque ya se ha terminado el ban-
quete, aunque sobre la mesa quedan algunas
botellas. Se oye música de baile procedente del
salón. Entra ANNA, *que viene huyendo de un*
pesado, IVÁN.

ANNA   ¡Que no! ¡Que no sea usted pesado!

IVÁN   ¡Por favor! ¡Por favor! ¡Sólo para disfrutar
                de su arte! ¡Cante, por favor! Cante y po-
                dré morir feliz.

ANNA   ¡Que no! ¿Por qué no lo hacemos al revés?
                Usted se muere y yo a lo mejor canto en su
                funeral.

IVÁN   ¡Ah, qué cruel es usted!

                (*Y salen por donde vinieron. En seguida en-*
                tran NASTASIA *y* PLOMOV.)

NASTASIA   ¡Deberías estar bailando con la novia, en
                vez de venir a darme la lata con esas cosas!

PLOMOV   Lo siento, no se me da bien bailar. Lo mío son las cuentas.

NASTASIA   Pues lo siento por mi hija. Una pareja en la que uno no baila, no puede durar mucho. ¿Se va a tener que pasar mi pobre hija las tardes viéndote hacer cuentas? Pobrecita mía.

PLOMOV   No se desvíe del tema. Ustedes se comprometieron a añadir a la dote de su hija unas acciones de…

NASTASIA   La única acción en la que tienes que pensar ahora es la de bailar.

PLOMOV   Los únicos que bailan aquí son los números, que no cuadran.

NASTASIA   Me estás dando dolor de cabeza. ¿No te da vergüenza? ¡Egoísta!

PLOMOV   No es egoísmo. Son principios. Quiero hacer feliz a su hija…

NASTASIA   Pues si quieres hacerla feliz, ¡baila con ella! Rescátala del baboso de su primo.

                (*Entra un* CAMARERO.)

CAMARERO   El cocinero pregunta si el sorbete lo quieren con ron, con champán…

PLOMOV   Con ron. El champán es muy caro.

(*Se va el* CAMARERO.)

NASTASIA   Encima rácano. Pobre hija mía.

PLOMOV   Y hay otra cosa más. Usted dijo que iba a
venir un general. ¿Dónde está? Les dije a
mis parientes que vendría un general, y yo
no lo veo por ninguna parte.

NASTASIA   Yo lo invité, pero no ha venido. Yo no tengo la culpa.

PLOMOV   ¿Quién la tiene, entonces?

NASTASIA   El primo de mi marido, el que vende seguros. Andrei.

PLOMOV   ¡Andrei! ¡Tenía que ser Andrei!

NASTASIA   Pues sí; como va de casa en casa, conoce a
mucha gente, y me aseguró que consegui-
ría un general. De todas formas, ¿por qué
ese empeño en tener un general?

PLOMOV   A mi familia la impresionan mucho los generales. Podrían haber hecho ustedes un
esfuerzo.

NASTASIA   Nosotros por nuestra hija hacemos lo que
sea. Y si tenía que haber un general, busca-
mos un general. Pero si no ha querido venir, ¿qué le vamos a hacer? ¿Raptarlo? ¿Tú
sabes lo difícil que es raptar a un general,

con todas sus charreteras, su sable, su caballo y sus medallas? Tú qué vas a saber,
tú sólo sabes de números.

PLOMOV Hay otra cosa que me tiene muy molesto.

NASTASIA No, si tendría que haber traído un libro de
reclamaciones.

PLOMOV Todo el mundo sabe que a Dashenka, antes de que yo pidiera su mano, le hacía la
corte precisamente ese Andrei. ¿Por qué
está invitado?

NASTASIA ¿Cómo no lo íbamos a invitar, si nos iba a
traer un general?

PLOMOV ¿Y dónde está el general?

NASTASIA ¿Y a mí qué me cuentas? Los generales son
gente ocupada. Tienen que hacer guerras
y posar para sus estatuas, y dar golpes de
estado, y cosas así. Mira hijo, no llevas ni
un día casado y ya estás siendo un empa-
choso. ¡Plomov! ¡Que eres un Plomov! Qué
bien te encaja el apellido.

PLOMOV Por lo que veo, a esta familia no le gusta
que se digan las verdades. ¡Yo solo pido
rectitud! (*Suena entonces una música alegre
y entran en el comedor todos los invitados e
invitadas —los mencionados arriba más los
figurantes que se unan— formando una «con-*

ga» —*todos en fila, haciendo el tren*—, *con una música alegre. La novia,* DASHENKA, *lleva agarrado a la cintura a* ANDREI, *el agente de seguros.*) ¡Mírelo! ¡Agarrando a mi mujer con esas manazas!

NASTASIA   No seas mal pensado: es casi de la familia.

(*Alguno de ellos agarra a* PLOMOV *y* NASTASIA *y los hacen unirse al baile.*)

INVITADOS   ¡A bailar! ¡A bailar!

PLOMOV   ¡No me gusta bailar! ¡No me gusta bailar! ¡Dejadme en paz!

ANDREI   Vamos, no seas soso.

PLOMOV   ¡Y tú suelta a mi mujer!

DASHENKA   No seas antipático, cariñín. Es amigo de la familia.

PLOMOV   Muy amigo, pero ¿dónde está el general que iba a traer?

(*La conga sigue bailando, hasta salir del salón y ahora nuestra atención está en* ANNA *e* IVÁN.)

IVÁN   Pero ¿por qué no quiere cantar?

ANNA   ¡Y dale! Ya le he dicho que no tengo la voz preparada.

IVÁN   ¡Se lo suplico!

ANNA   ¡Me tiene usted harta! (*Se sienta en una silla y le da el abanico a* IVÁN.) Abaníqueme, ande. Haga usted algo útil.

IVÁN   Sí, está usted sudando.

ANNA   No sea grosero. Soy una artista, y las artistas no sudamos.

              (IVÁN *la abanica. Entra* PLOMOV, *le quita el abanico y empieza a abanicarse él.*)

PLOMOV   No puedo más.

IVÁN   ¿Ya se ha cansado? Pues le queda matrimonio para rato.

              (ANNA *lo mira, sorprendida.*)

ANNA   Pero mi querido Plomov. ¿Por qué viene usted tan melancólico? ¡Que es el día de su boda! ¡Diviértase, baile!

PLOMOV   ¡Y dale con el baile! ¡Aquí nadie parece darse cuenta de lo serio que es el matrimonio!

ANNA   Me da pena verle así. ¿Quiere que le cante algo?

IVÁN   ¿A mí no y a él sí?

PLOMOV   No estoy para músicas.

ANNA   Ah, qué triste. Ustedes dos no creen en el amor.

                (*Y se dispone a cantar un aria de ópera, pero... En ese momento, entran* JIGALOV, *el padre de la novia y* JARALAMPIOS, *el confitero griego, interrumpiendo el aria.*)

JIGALOV   Sigan, sigan, por nosotros no se molesten... (*Va hacia la mesa y busca una botella que aún tenga algo.*) Ajá, aquí. (*Sirve una copa y se la da a* JARALAMPIOS.) Tenga, con mi eterna amistad. (*A los demás.*) Es el confitero que ha hecho la tarta. Un tipo estupendo. Es griego, y me está hablando de Grecia. Cosas muy interesantes. Pregunten, pregunten.

ANNA   ¿Tienen ustedes leones en Grecia?

JARALAMPIOS   (*Habla con un extraño acento.*) Claro que tenemos leones. Los leones griegos son famosos a lo largo de la historia. Se puede decir que los inventamos nosotros.

IVÁN   ¿Y tigres?

JARALAMPIOS   Pues claro que tenemos tigres. También los inventamos nosotros.

JIGALOV   ¿Y cachalotes?

JARALAMPIOS   ¡También!

PLOMOV   ¿Y también los inventaron ustedes?

JARALAMPIOS   Los griegos lo inventamos casi todo. El arte, la arquitectura, el teatro, la democracia...

PLOMOV   Y los leones, los tigres y los cachalotes.

JARALAMPIOS   También.

JIGALOV   ¡Brindemos por Grecia!

TODOS   (*Menos* PLOMOV.) ¡Por Grecia!

(*Y beben. Entra* NASTASIA.)

NASTASIA   ¿Qué hacéis aquí? ¡No os estaréis comiendo la langosta del general! Porque puede que aún venga.

ANNA   ¿Hay langostas en Grecia?

JARALAMPIOS   Las mejores.

PLOMOV   ¿Y registradores de la propiedad?

JARALAMPIOS   ¡Ya les he dicho que hay de todo!

ANNA   Menudo ambientazo tiene que haber en Grecia. ¡Me encantaría ir!

IVÁN

¡Yo te llevo! Ya me lo estoy imaginando. Tú cantando en las ruinas del Partenón bajo la luna y yo…

ANNA

Creo que se me han quitado las ganas.

(*Empiezan a entrar los demás invitados —menos* ANDREI—, *haciendo el tren.*)

UNO DE LOS INVITADOS   ¡Vivan los novios!

TODOS

¡Que se besen! ¡Que se besen!

PLOMOV

¿Y qué pasa con el general?

NASTASIA

¡Qué pesado estás con el general? Tengo un vecino ordenanza. Puedo llamarle. También lleva un uniforme muy bonito, con botones dorados.

(*Entra* ANDREI.)

PLOMOV

¡Yo quiero un general, no un ordenanza!

ANDREI

¡Tranquilos! ¡Ya viene el general! Ha tardado porque estaba reunido con el ministro de la Guerra (*Anuncia.*) ¡El general Karaulov!

NASTASIA

¿Karakulov?

ANDREI

¡Karaulov!

(DASHENKA *abraza a* ANDREI.)

DASHENKA ¡Gracias, Andrei! ¡Ya sabía que tú lo arreglarías!

JIGALOV Mi dinero me ha costado.

(*Entra el* GENERAL. *En realidad, es el* CAMARERO *disfrazado. Lleva un gran bigote postizo.*)

PLOMOV ¡Por fin! ¡Foto! ¡Foto!

NASTASIA Que coma y beba antes. Vendrá muy cansado. Siéntese, mi general. ¡Viva el gerneral Karakulov!

TODOS ¡Viva!

DASHENKA (A PLOMOV.) ¿Has visto, tontorrón? Andrei te ha traído un general. No sé por qué le tienes tanta manía.

ANDREI No me ha sido fácil… Mi trabajo me ha costado.

NASTASIA Gracias, Andrei. Es un general precioso. Lástima que no haya podido venir a caballo.

JARALAMPIOS En Grecia tenemos generales mucho mejores.

JIGALOV   ¡No sea imprudente! ¿Es que quiere que entremos en guerra?

ANNA   Si el general Karakulov quiere, puedo cantar una canción patriótica. Se me dan muy bien las canciones patrióticas.

IVÁN   ¡Sí! ¡Que cante!

TODOS   ¡Que cante! ¡Que cante!

ANNA   Voy a cantar algo de Chaikovsky.

IVÁN   ¡Por fin! ¡Va a cantar!

(ANNA *toma aire y....*)

GENERAL   No, déjelo. La ópera me da dolor de cabeza.

NASTASIA   ¿Qué música le gusta a usted?

GENERAL   ¿A mi? Los cañonazos.

NASTASIA   Pues es una pena. Cañones no tenemos.

PLOMOV   (*A* ANDREI.) ¿Cómo no se te ha ocurrido traer cañones?

ANDREI   ¡¿Cómo voy a traer cañones a una boda?!

PLOMOV   ¿Dónde está el fotógrafo? ¡Hay que hacer la foto para enviársela a mi familia!

NASTASIA   El fotógrafo se ha ido.

PLOMOV   Pero ¿cómo que se ha ido?

NASTASIA   Tenía otra boda y no podía esperar.

PLOMOV   Pero, ¿y mi foto con el general? ¡Necesito mi foto con el general!

NASTASIA   Pero ¡qué perra con el general!

DASHENKA   Cariño, no te preocupes tanto. Yo le diré a tu familia que un general vino a nuestra boda. Estoy deseando conocerlos.

PLOMOV   Pero sin foto, ¿por qué te van a creer? En mi familia son muy desconfiados. Y con razón. La gente miente mucho. Tus padres, por ejemplo. Me prometieron que junto a tu dote me iban a dar unas acciones...

DASHENKA   ¿Te parece que es buen momento para hablar de eso?

PLOMOV   ¿Por qué no?

JIGALOV   ¡Solucionado! ¡Está todo solucionado! Jaralampios tiene una cámara fotográfica.

JARALAMPIOS   La traje para fotografiar la tarta. Siempre hago fotos de mi creaciones.

PLOMOV	¡Gracias! ¡Gracias, mi buen amigo! ¡Viva Grecia!
TODOS	¡Viva!
JARALAMPIOS	Gracias. ¡Viva Rusia!
TODOS	¡Viva!
NASTASIA	¡Viva el general Karakulov!
TODOS	¡Viva!
ANDREI	Es Karaulov. No karakulov.

(*Sale* JARALAMPIOS *a buscar la cámara.*)

DASHENKA	(*A* PLOMOV.) ¿Estás contento?
PLOMOV	Sí, cariño… Aunque no me gusta que ese Andrei te esté todo el rato rondando como un moscón.
DASHENKA	Lo conozco desde niña… Y para mis padres es como un hijo más.
PLOMOV	Pues eso se acabó. No pisará nuestra casa. Estas cosas hay que dejarlas claras antes de nada.
DASHENKA	¿No voy a poder ver a mis amigos?
PLOMOV	¿No te basta con tus amigas?

DASHENKA   ¡No!

(Se acerca NASTASIA.)

NASTASIA   ¿Los novios están de morros? ¿No es muy pronto para pelear?

PLOMOV   No estamos peleando. Estamos sentando las bases de nuestra convivencia. Y ya que está usted aquí, esas acciones…

NASTASIA   Las acciones, las acciones… ¡Las tuvimos que vender para organizar esta boda!

PLOMOV   ¿Cómo?

NASTASIA   Lo siento, pero estamos arruinados.

PLOMOV   ¿Arruinados?

DASHENKA   Pero nos queremos, ¿no? Eso es lo importante.

PLOMOV   *(Poco convencido.)* Claro…

(JIGALOV *se ha sentado con el* GENERAL, *que no deja de beber.)*

JIGALOV   Tenía usted sed, ¿eh, general?

GENERAL   Tengo mis razones.

JIGALOV   ¿Ah, sí? Cuente, cuente…

GENERAL   Es una vieja historia. Estando en la guerra
             del desierto del Gobi…

JIGALOV   Espere… (*A todos.*) ¡El general va a contar
             una historia! ¡Una historia de guerra!

             (*Todos se acercan a escuchar.*)

GENERAL   Pues… Una vez, estando en la guerra en el
             desierto del Gobi, nos quedamos sin agua.
             Un día, otro día… La sed era espantosa.
             Tuvimos que beber nuestra propia orina.

ANNA   ¡Ay, qué asco!

GENERAL   Así es la guerra, señora. Pero al final es-
             tábamos tan secos que ni siquiera oriná-
             bamos. Gracias a Dios aparecieron unos
             beduinos…

IVÁN   ¿Beduinos en el Gobi?

GENERAL   Mongoles. Eran mongoles. O tártaros, yo
             qué sé. Gente del desierto, qué más da. Fue-
             ron muy amables. Hasta insistieron en que
             me casara con sus hijas.

ANNA   ¿Con todas?

GENERAL   Con todas. Esa gente es muy generosa. El
             caso es que desde entonces me hice la pro-
             mesa de beber todo lo que tuviera por de-
             lante para tener reservas.

(*Y bebe. Todos aplauden.* Anna *se acerca a* Dashenka, *que está triste.*)

ANNA   Pareces triste, ¿es por dejar a tus padres?

DASHENKA   No; es porque creo que he cometido un error.

ANNA   ¿Un error que no tiene remedio?

DASHENKA   Me temo que sí. ¿Cómo he podido ser tan tonta?

(Anna *la abraza, cariñosa.*)

ANNA   Ay, pobrecita… Todo tiene remedio. Pero a veces hace falta valor.

IVÁN   General, ¿qué guerra era esa?

GENERAL   Pues… Una guerra, ¿qué más da? He hecho tantas guerras que ni me acuerdo.

IVÁN   Ya, pero… ¿no recuerda ninguna guerra en el desierto del Gobi, al menos desde la invasión de los mogoles?

ANDREI   Deja al general en paz. Es un héroe.

(Jigalov *se acerca al* General.)

JIGALOV   Gracias por haber venido, mi general, sin conocernos de nada. Usted honra nuestra mesa.

GENERAL   Su primo Andrei me lo pidió y no podía negarme.

JIGALOV   Ah, el buen Andrei. Un tipo listo, Lástima que mi hija prefiriera a ese zote de Plomov.

GENERAL   Si, es un buen chico. No pude resistirme a sus súplicas. Fue muy convincente; se nota que es agente de seguros.

JIGALOV   Bueno, supongo que los cincuenta rublos también ayudarían...

GENERAL   ¿Cincuenta rublos?

JIGALOV   Sí, los que le di a Andrei para que le compensara a usted por las molestias.

GENERAL   ¿Cincuenta rublos? (*Se pone en pie.*) ¡Andrei!

            (ANDREI *se acerca.*)

ANDREI   ¿Sí, mi general?

GENERAL   ¿Dónde están los otros veinticinco rublos?

ANDREI   ¿Co-cómo?

GENERAL   ¡Me diste veinticinco rublos por venir, y este señor me ha dicho que te dio cincuenta!

TODOS   ¿Cómo?

NASTASIA   Ay, por Dios, qué vergüenza.

ANDREI   Es... Mi comisión por la gestión.

GENERAL   Pero ¿qué gestión? ¡Si lo he puesto yo todo! ¡Hasta el bigote!

(*Y se arranca el bigote.*)

TODOS   ¡Ooooooh!

JIGALOV   ¿Qué significa esto, Andrei?

ANDREI   Lo siento... No encontré ningún general libre y...

ANNA   Pero este señor, ¿no es el camarero?

NASTASIA   Creo que me voy a desmayar. Sí, me voy a desmayar.

(*Da unas cuantas vueltas buscando un buen sitio para desmayarse.*)

GENERAL   ¡Sí! Soy el camarero, y este uniforme es el de un huésped. Un general que se aloja en el hotel y que lo dejó para que lo limpiaran.

PLOMOV   Pero..., Pero ¡en esta familia son todos unos sinvergüenzas!

DASHENKA   ¿Tú que dices de mi familia?

CAMARERO   ¡Dame mis veinticinco rublos!

JIGALOV   ¡De eso nada, farsante!

PLOMOV   ¡Todo es una mentira con ustedes! ¡Si ni siquiera tienen dinero! ¡Me han estafado!

DASHENKA   No entiendo nada... Quiero irme de aquí...

ANNA   Pues estás a tiempo.

             (*Todos están gritando a la vez.*)

TODOS   ¡Sinvergüenzas! ¡Mentirosos! ¡Farsantes! ¡Mi dinero! ¡Mis acciones! ¡Muertos de hambre!

NASTASIA   Pero ¿es que nadie va a ponerme una silla? ¡He dicho que voy a desmayarme!

             (DASHENKA, *aprovechando que nadie la mira, se baja del escenario y sale por el patio de butacas. En ese momento, entra* JARALAMPIOS *con la cámara.*)

JARALAMPIOS ¡Ya estoy aquí! ¡La foto! ¡La foto! (*A* ANNA.) Parece que se están divirtiendo de lo lindo...

ANNA   Huy, sí... Menuda juerga.

JARALAMPIOS ¡Venga, señores! ¡La foto!

PLOMOV ¡La foto! Hay que hacer la foto. ¡Ya seguiremos peleando después!

(*Todos se colocan como para hacerse la foto, pero claro….*)

JARALAMPIOS ¡Un momento! ¡Falta la novia!

TODOS ¿La novia? ¿Dónde está la novia?

PLOMOV ¡Ha huido! ¡Por vuestra culpa!

NASTASIA (*A* PLOMOV.) Ha sido por la tuya! ¡Sieso, que eres un sieso!

JIGALOV (*Al* GENERAL.) ¡Ha sido por su culpa, maldito comediante! ¿No podía haber aguantado el tipo un poco más?

IVÁN (*A* ANDREI.) ¿No te da vergüenza?

(*Y ya están todos gritando a la vez.*)

TODOS ¡Por tu culpa! ¡Por la tuya!

(*Y siguen gritando, mientras sube la música: una música rusa alegre que va tapando las voces…*)

…y Fin.

Esta primera edición de *ensaladilla rusa*,
de Ignacio del Moral, terminó de imprimirse
en mayo de dos mil veinticinco,
en Madrid.